Flügelflatterschlagen

Karin Hartewig

# Flügelflatterschlagen

Neue Gebrauchslyrik 2

Bibliografische Informationen der Deutschen Nationalbibliothek:
Die Deutsche Nationalbibliothek verzeichnet diese Publikation in
der Deutschen Nationalbibliografie; detaillierte Bibliografische
Daten sind im Internet über http://dnb.dnb.de abrufbar.

© *2019 Karin Hartewig*

*Herstellung und Verlag: BoD – Books on Demand, Norderstedt*

*ISBN 978-3-7431-7393-4*

*www.bod.de*

**Dir!**

# Heimliche Leidenschaft

## Unmögliche Liebe

Sie spürte seine Augen

Auf ihrem Körper ruhen.

Und fühlte sich gesehen wie

Zuletzt vor einer halben Ewigkeit.

Gut vergraben meldet sich

Das Begehren und zugleich die Scham.

Was halten die anderen

Von dieser Mésalliance?

Egal!

Mach dich zum Affen

Gib lieber die unwürdige Alte

Als in Würde einsam zu sein.

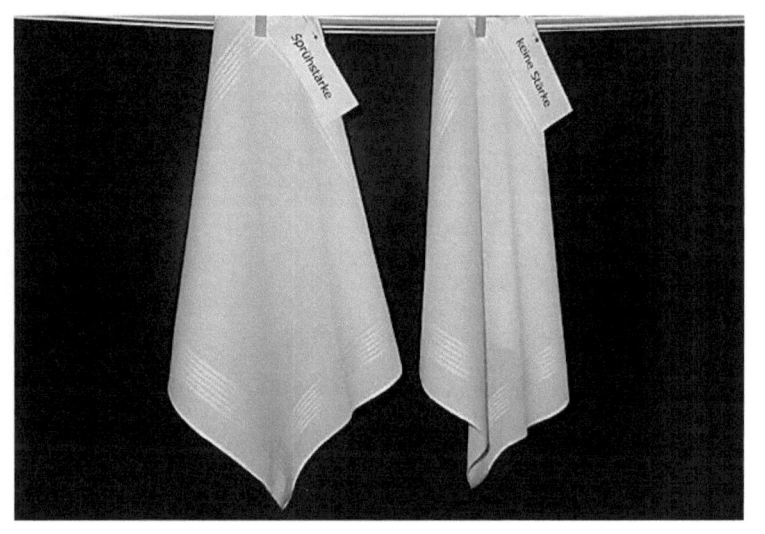

# Knitterfrei

Sprühstärke war noch nie ein Selbstläufer

Sagt der Verkäufer

Ist jetzt ein aussterbender Artikel

So nützlich wie die Filter für Rußpartikel

Doch Lisa schwört auf das Produkt

Sie hat sich regelrecht verguckt

In faltenlose Glätte, magisch und präzise

bei Herren-Chinos und Chemise.

Der Freund im Schlabber-, Knitterlook

Erntet zwar kein Dislike auf Facebook

Doch Lisa bügelt wie ein Weltmeister.

Dann ist's, als bügle sie den ganzen Kerl

Seine Erscheinung, die Gestalt

Und auch seinen Schatten, eiskalt.

# Hollywoodschaukel, 1968

Mit Streifen oder wild geblümt

Als Filmrequisit berühmt

Schabracken waren ein Muss

Die Fransen extra Luxus

Stand sie in Gärten, auf Terrassen

Doch schieden sich die Klassen

Der Haus- und Grundbesitzer

Und der kleinen Mieter

Drei-Zimmer-Küche-Bad-Balkon

Begnügte sich mit Campingstuhl und Schirm gegen die Sonn'

Hier konnte man nur träumen

Vom Nichtstun unter Bäumen

Vom Leben auf der Faultierfarm

Mondän, mit Charme - und ohne Lebertran.

# Superministerium gegen das Unglück

Der Staat prüft künftighin

Die innere Befindlichkeit der Menschen.

Denn Einsamkeit und Unglück

Erhöh'n die Sterblichkeit wie Kettenrauchen.

Ihre Geselligkeit hebt er auf ein

Behördlich angemessenes Niveau.

Behindert wird der Workoholic

In seinem Arbeitseifer, dem Zerstörerischen.

Den Frauen legt man nah' mit sanftem Druck,

Die Männer nicht um viele triste Jahre

Zu überleben, wie sie's unklug

Und notorisch tun.

Den rechten Umgang mit dem Leben

kontrolliert die „Dienststelle Philosophie".

Während das „Amt Gemütlichkeit"

Die Wohnungen möbliert.

Noch sind die Kritiker, die warnen

Vor Eingriffen ins Unglück, das Private, zahlreich.

Sie konzentrier'n sich lieber auf Verhältnisse,

Strukturen, die selbst sie geschaffen haben.

Verstehen sich als eine Art Reparaturbetrieb

Des ökonomischen Systems und

Der sozialen Welt, die sie beförderten zumal.

Wie lange noch gibt es ein Recht auf Unglück?

Bald wird die gute alte Politik der Ignoranz

Die Zeitgenoss*innen zu Tränen rühren.

Gegen den Staat der Zukunft nimmt sie sich aus

Wie Waisenknaben-Handeln.

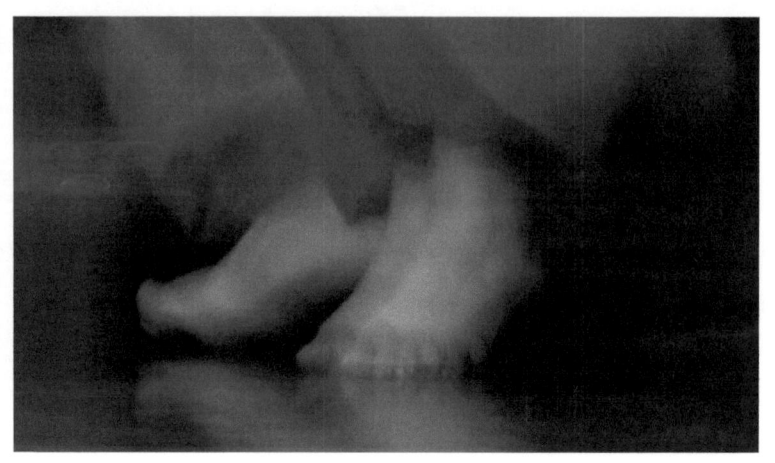

# AQUA-Bauchtanz

Ein Hauch von Chlor und Pommes parfümiert die Luft

Bebrillte Fische schwimmen eine Runde

Bewegungswillig trägt frau ihre Pfunde

Ins Seichte, ignoriert die Magersucht.


Die Übungsleiterin in ihrer Neonkluft

Markiert bänglich zu fortgerückter Stunde

Am Beckenrand den Hüftschwung vor der Runde

Aus dem Recorder tönt Musik mit Wucht.


Die Damen lassen ihre Hüften kreisen

Orientalisch wie die Götterspeisen

Gnädig umspielt das Wasser Rettungsringe.

Gestreckte Arme mimen Ausdrucksweisen

Zu „Aisha" und dem Evergreen von Gruppenreisen:

Bill Ramseys „Zuckerpuppe" für die Anlernlinge.

## Indianersommer

Übergossen mit Wärme und Licht die Haut

Noch im Spätsommer, der nie enden will.

Wir trinken die Silbersonne des Morgens

Und die rote Sonne des Abends.

Wir trinken den luftigen Schatten hinterm Haus

Das satte Grün unter dem Apfelbaum

Wir trinken und trinken und wünschen:

Der Vorrat soll reichen bis weit ins Jahr

Wenn der Wind um die Häuser fegt Tag und Nacht

Und der Regen in Schnee sich verwandelt

Und zurück in endloser Folge.

Wer sich dann traut, reißt die Kälte vom Pferd

Und flieht.

**Wir gehen jetzt!**

## Trägheit des Herzens

Im unwirtlichsten Zimmer des Hauses
Sitzen wir bis ans Ende unserer Tage
Das Fenster, stets ein Spaltbreit offen,
Schließt sich unmerklich.
Draußen wartet tiefe Nacht,
Grau in Grau, Schwärzer als Schwarz.
Albträume wollen neuerdings bleiben.


Ich sollte dahin gehen, wo das Licht ist.
Aber dazu müsste ich
Abstand halten, aufstehen, die Tür öffnen
Und einen Schritt ins Freie tun.
Aber dazu müsste ich
Tatsächlich  e t w a s  wollen.


Du siehst in meine Richtung, ahnungslos,
Als könntest du kein Wässerchen nicht trüben.

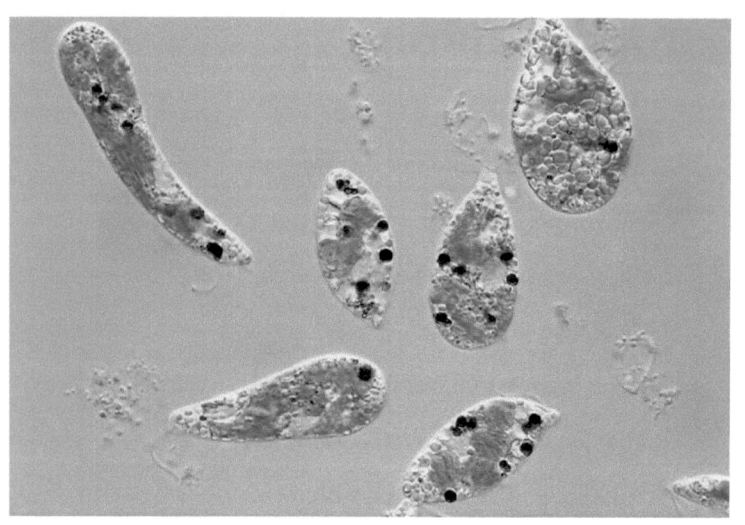

## Was macht mich wach?

Der Wiederholungsekel

Vor immer gleicher

Öder Bewegung.

Der schale Geschmack im Mund

Nach immer gleichen

Faden Speisen.

Das lästige Gewicht

der immer gleichen

Falschen Routinen.

Sobald das Augentier mir den Spiegel vorhält.

Und die Spottdrossel drei Lieder mehr singt.

# Neben sich stehen

Ich garantiere
Ihnen, dass ich nicht gerne
Mit mir im selben Hause
Wohnen möchte – Mit
Dieser Meinung bin ich
Nicht allein.

Ich spaziere um das Haus
Und freu' mich
Auf die Zeit, da alles
Seelenruhig ohne mich
Sein Leben lebt – All diese
Dinge, unverwüstlich
In ihrer Missratenheit.

## Unschlüssige Gegend

Der neue Schleichweg

Durchkreuzt die Brache zwischen

Bahndamm und Betrieben, die

Ihre Hinterhöfe zeigen.

Ein Weg durch ödes

Niemandsland, von dem man ahnt,

dass er werweißwohin jedenfalls

Sicher an den Rand führt.

Peripherie! Der

Zwischenraum, der noch nicht ahnt,

was aus ihm wird, bietet sich an

Als Abenteuerspielplatz

Straßenstrich und Standplatz müder Trucker.

# **Älterwerden**

Die Wellenlänge stimmt nicht mehr

Es scheint, Du sendest Ladenhüter

Bist ungehalten

Dass „die Jugend" lustvoll

Das Rad zum zweiten Mal

Erfindet, obwohl

Doch alles schon geklärt ist

Von Deinesgleichen.

Du wirst in deiner eignen Zeit

Und bei lebend'gem Leib

Eine historische Figur

Slightly out of focus, ein

„Has Been" von der traurigen Gestalt.

Darauf bist du nicht gefasst.

# Wegmarken

Das Glückskapital verpokern

Und gewinnen oder alles verlieren

Und

Die Illusionen intensiv beatmen,

Bis sie real erscheinen?

Oder

Ausharren und ein Exempel statuieren an sich selbst

In angepasster Selbstverleugnung

Und

Den Idioten geben

In Heiterkeit gegen den Schmerz?

Warum sollen wir das auskämpfen?

Es dabei zu belassen, wäre weise – möglicherweise.

# Limericks

# Französische Träumerei

Es war eine Kieler Sprotte

Die hört' auf den Namen Charlotte

Die Stimmung war grise

Sie dacht' an Paris

Und an ihren Schwarm „sans culotte"

(Coole Klamotte!)

## Papagei und Mamagei

Ein Papagei aus Rheda-Wiedenbrück

Schlägt mit den Flügeln vor lauter Glück

Da in der Volière

Kräht SIE ordinäre

Doch den Hals ziert ein wertvolles Erbstück.

## Null-Nachricht

Im Wald da lebten Fuchs und Hase

Der eine zog ne lange Nase

Der andre schlug roh

Dem Freund auf den Po

Dies trug sich zu nah der Airbase.

# About A. Schmidt

Es lebte ein Dichter in Bargfeld

Dem fehlte es zuseh'ns an Bargeld

Er wurde zum Schrat

Der Mann, desolat

Dafür war sein Geist böse scharfg'stellt.

# Manga

In Tokyo lebte ein Manga

Der trug gern nicht mehr als nen Tanga

In schwarz oder rot

Und rauchte wie'n Schlot

So kam er nie auf den Parbat, den Nanga.

**Noch mehr Limericks**

## Halberstädter Würstchen

Es lebte ein Würstchen in Halberstadt

Das hatte ne Haut so zart und glatt

Die nütze ihm gar sehr

Dem schönen Verführeeer

Echt blöd, wer den Senf da nicht bei sich hatt'.

# Bautzner

Der Senf kam aus Bautzen, mittelscharf

Doch so scharf, dass er einen niederwarf

Die Dame aus Hof

Die fand das zu doof

Weshalb sie das Würstchen „ohne" einwarf.

## Spreewaldgurken

Im Spreewald lebten zwei krumme Gurken

Die waren verliebt in denselben Schurken

Pechiöserweise

Empfahl der sich leise

Da tanzten die Gurken Mazurken.

## Simson-Schwalbe

Eine Schwalbe macht noch keinen Sommer

Aber „Schwalbe" fuhr am liebsten Omma

Vor neunundachtzig

Doch heute katzig

Greift sie zum E-Bike ohne Gedonner.

# Halloren

Aus Halle kommen die Halloren

Beliebt bei Mohren und Pastoren

Zuviele der Rumkugeln

Lässt sie rumkugeln

Weshalb sie flieh'n auf die Azoren.

## Rotkäppchen Sekt

In Jena lebte ein Rotkäppchen

Das kniff sich gern in sein Ohrläppchen

Es schlürfte Schampus

Nachts auf dem Campus

Im Dunkeln glänzte sein Fußkettchen.

# So kann ich nicht atmen

# Deutscher Wald

Steil violett schimmert der Lacktrichterling im Moos

Auch die bucklige Verwandtschaft, die

Giftige Schwester der Morchel wartet.

Wie Patronen glänzt die Losung der Rehe

Auf der Ameisenstraße ist Rush Hour

Das Schweigen im Walde schleicht um die Bäume

Doch Wipfel und Kronen machen ordentlich Wind

Schwer schwingt die Eule sich auf

Die Waldmaus hat im Weitsprung keine Chance

Ach Wildnis, liebliche Natur!

## Nachmittag mit Goldrand

Alle Tassen hinter Glas im Schrank

klirren im Takt der großen Uhr

Penetranter Gestank

Dringt durch die Fenster pur

Der Strom der Autos macht sie krank

Seit Tagen streikt die Müllabfuhr

Der Unrat hat Ausdehnungsdrang

Die Katze int'ressiert das Wollknäuel nur

So geht das bis zum Sonnenuntergang

Ein letzter Strahl auf ihrer Tour

Trifft auf's Service mit Goldrand

Die Uhr tickt weiter, herzlos stur.

## Ungebetener Gast

Ein Ziehen im Kreuz

Dieser Druck auf der Brust,

Als säße ein Kater da

Geduckt, lauernd schwer

Wie zum Sprung bereit.

Das falsche Gewicht,

Es nimmt dir die Luft.

Dein Anlauf zur Wutprobe

Bleibt folgenlos,

Ein verzagter Mutanfall,

Und dann gehst du doch zum Arzt.

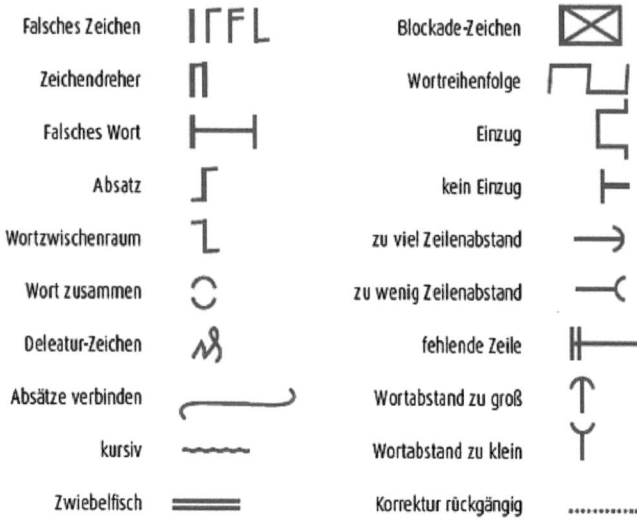

## Korrekturen

Ich roll' mich ein

In die verfluchte Wärme hinterm Ofen

Und kau' Papier

Verbrauchte Blätter knirschend

Auf beiden Seiten eng beschrieben

Ich würg' am Wortsalat der

Durchgestrichen ausradiert

Mir wie ein Knäuel im Hals steckt

Bis ich die Wörter von mir

Geben kann, die Unverdaulichen

Sie treiben augenblicklich fort und

War'n nicht mehr geseh'n.

## Notizen aus der Blase

Das Leben muss anderswo sein

sinnierte sie ganz allgemein

wer wollte sein Leben beschließen in Königstein

genügsam bei billigem Wein

im Mondschein über magischem Hain

am Tage als brotloses Schreiberlein

Fatalerweise hat es den Anschein

Als sei sie im falschen Verein

Oder Film –

Viel besser wär's auch nicht in Traunstein

Bleiben und Nichtsein

Ist hier nicht die Frage – allein

Der Aufbruch ins Offene kann befrein

Die Lösung besticht ungemein.

**Kinderstücke**

## Schwimmen und Fliegen. Auszählreime

Winzige Sprotte

Dein silbriger Flossenkick

Trifft das Schwimmtier im Genick.


Walle walle Feuerqualle

Schwimm nicht in die Mausefalle

Unten auf dem Meeresgrund

Ausgesprochen ungesund!

Die Schnappt zu

Und Matsch bist du.


Mondäne Purpurflügelmotte

Du flatterst geschniegelt davon

Mühelos bis Lissabon.

## Familienbild

Was würde das Kind beim

Anblick der Familie

Von sich selber halten?

Was sähe es

Bei reichlich Abstand

Und aus sicherer Entfernung?

Ich ahne, dass es

Die Verlassenheit

Dieser Familie und

Jedes ihrer Mitglieder

Zu Seh'n bekommen hätte.

Die Traurigkeit und unbehauste Einsamkeit

Die gut vergraben war im Leben.

## Am offenen Fenster

Zur blauen Stunde

Stand das Mädchen gern am Fenster

Lauschte dem Rauschen der Blätter in den Bäumen

Sah dem Licht zu, wie es zunahm

Mit einem Blick aus Samt

Erwartete das Zwitschern der Vögel

Und war beglückt.

Dann wusste das Kind, es ist allein auf der Welt

Und ahnte, es ist doch nicht allein

Und fühlte sich stark und geborgen.

# Katzenfelle

**Besonders schön und weich präpariert**

Ausgezeichnetes Heilmittel gegen

**Rheumat..Leiden, Gicht,**

## Morgens, halbsieben

Vor dem Katzenfell in Großmutters Bett

Musst du keine Angst haben.

Es wärmt die Schmerzen fort

Und hat doch selbst schon arg gelitten.

Hat sie aber!

Beiläufig schiebt sie das Bündel bis ans Fußende

Wenn sie in der Früh erscheint und

Unter das Plumeau schlüpft - hellwach

Lehrt die alte Rechenkünstlerin sie

Das kleine und das große Einmaleins

Vorwärts und rückwärts

Das tote Tier verliert sie dabei

Keine Minute aus dem Blick.

**Flügelwesen**

# Harpyie

Er geht geblendet gegen eine rote Sonne

Als plötzlich die Gestalt sich vor ihm zeigt

Sie wirft ihr Netz aus Schatten aus

Ihr Zischen klingt, als spreche sie zu ihm.

Dann wieder hört er nur das Echo seiner Worte.


Der Weg führt steil hinauf

Darunter liegt tiefgrün die ungefasste Tiefe

Die letzten Strahlen schießen durch die Bäume

Bis sie die Dämm'rung wie eine stummer Schlund umfängt.


„Uns gibt der Zufall das Beste", flüstert die Frau

Pfeilschnell nimmt sie die Stufen einer alten Mauer

Lax beugt sie sich herab und sieht ihn an und

greift nach ihrem Schuh, der ihr vom Fuß gefallen ist.

Und während sie das Schuhwerk anstreift

Wird ihre Ferse sichtbar und in der Mulde drüber

Der Knoten des Gelenks wie der von einer Zehe,

Angesetzt an ein geringelt' Fruchtholz,

Der blaue Nagel wie der einer Kralle.


Die Täuschung lässt ihn taumeln – über ihm so nah

die Frau scheint ebenfalls zu wanken

Doch dann erhebt sie sich mit schwerem Flügelschlag

Mächtig triumphierend und bringt im Flug

Die Vogelkrallenfüße schimmernd unter sich.

## Gemetzel im Garten

Im Schatten der Hecke

Flügelflatterschlagen und

Schrilles Getöse, Gezeter

Auf Leben und Tod – dann Stille

Mit riesigen Krallen drückt der zierliche Jäger

Die Beute ins Gras und hackt,

Schlingt mit blutrotem Schnabel

Zurück bleiben ein paar Federn, der

Abdruck der Beute im Gras.

## Taubenbrot

Probier' das Taubenbrot,

Das du den Vögeln zuwirfst

Es schmeckt nach Erde

Und Stein, nach Gelächter und

Tränen, nach Blut und Salz

Es schmeckt nach Mensch

Iss' das Brot und du

Wirst dich auf Flügeln erheben.


nach Rajzel Zychlinksi („Vogelbrot")

## Göttliche Warnung

Das Äußere des Doms ist eingerüstet

Die Apsis wird gestützt von dem

Korsett aus Stahl und Holz.

Löchrige Gaze gibt den Blick frei

auf Säulen in den Farben des Zebras.

Ein Schild belehrt Passanten, Gläubige, Touristen

Attenzione caduta angeli!

Achtung! Herabfallende Engel!

Kopfüber und mit angelegten Flügeln

Taucht der Engel im furchtlosen Sprung

In die Tiefe. Das Wunder ist - soweit bekannt -

Noch niemandem zu Teil geworden.

# Der Feuervogel

Und das ist die wahre Geschichte:

Gefangen am Wunderbaum
Im Garten des Zauberers
Opfert der glühende Feuervogel
Eine Feder für die Freiheit.

Zwingt die Dämonen zum Tanz
Singt sie mit seinem Lied in den Schlaf.
Dem Prinzen offenbart er das Versteck
Des Zauberers, darin er seine Seele bewahrt.

Der bricht die Macht des Bösen.
Befreit die zu Stein erstarrten Gefangenen
Und dreizehn Jungfrauen auch,
Darunter die Prinzessin.

Jetzt ist das hohe Paar vereint,
Bis wenn es einst gestorben ist.
Der Märchenvogel aber macht sich dünne.
Zum Vorschein kommt ein Revolutionär
Des Proletariats.

## Pechvogel

Du sitzt hier fester

Als fest, verklebt und verfilzt.

Von diesem Leim

Kommst du so schnell nicht los.

Die grüne Schmiere

Hat Federkleid und Flügel

Verdorben, unbrauchbar gemacht

Für jeden Abflug.

Das offene Gelände

Blinkt unerreichbar

Und verheißungsvoll

Aus einer Ferne, ferner noch als fern.

# Extensionen I

Entschlossen richtet sich der weiche Körper auf

Wuchtet die starre Last in die Vertikale

Längst ist das Korsett auf dem Rücken vertraut.

Im Chorgestühl sitzt breitbeinig die schwarze Nonne,

Der Thron der Königin stößt bis ins Wolkenreich.

Sobald sie sich erhoben hat,

Lässt die Verwandlung nicht mehr auf sich warten.

Dann spreizt der ernste Engel tollkühn seine Flügel

Und bleibt doch erdenschwer gebunden.

Erzählt stumme Stories mit dem Leib

In die Stille hinein – sein Atem lautlos schwer.

Nur die Flügel schlagen hölzern auf den Boden,

Hart und vernehmlich.

(Inspiriert von dem Tanzstück „Bretter" von Reinhild Hoffmann, 1980)

## Extensionen II (Federfächer)

Mechanisch öffnet sich der Körperfächer

Im Takt des Apparats

Und schließt sich dann behutsam zart - es scheint,

Zwei luftig weiße Federflügel erinnern sich an einen Tanz

Entfalten ein geheimnisvolles Eigenleben.

Wie Blindenstöcke tasten Scherenhände vorwärts

So halten Flügelwesen sich im Gleichgewicht

Zwischen Tag und Traum auf schmalem Grat

Mit größter Vorsicht schreiten sie in ihrem Federflaum

Durch alle Räume – überlebensgroß präsent,

Zugleich zerbrechlich wie kostbarstes Knochenporzellan.

(Inspiriert von den Performances von Rebecca Horn „Weißer Körperfächer" und „Fingerhandschuhe", 1972).

# **Prothesengöttin**

Nicht mit dem Schulterblatt verwachsen

Macht es dem Mängelwesen, das sie ist, zu schaffen.

Etwas Verkümmertes drängt nach Entfaltung,

Wenn sie ihr schönstes Hilfsorgan justiert.

Der Körper dehnt sich aus im Raum

Ein alter Traum wird wahr,

Beherrscht ist die Natur.

Die Sache mit der Schwerkraft?

Ist erledigt!

Selbstoptimiert strebt sie nach Perfektion,

Als makellose Virtuosin in Vollendung.

# Inhalt

## Heimliche Leidenschaft  7

Unmögliche Liebe  *9*
Knitterfrei  *11*
Hollywoodschaukel 1968  *13*
Superministerium gegen das Unglück  *15*
AQUA-Bauchtanz  *19*
Indianersommer  *21*

## Wir gehen jetzt!  *23*

Trägheit des Herzens  *25*
Was macht mich wach?  *27*
Neben sich stehen  *29*
Unschlüssige Gegend  *31*
Älterwerden  *33*
Wegmarken  *35*

## Limericks  *37*

Französische Träumerei  *39*
Papagei und Mamagei  *40*
Null-Nachricht  *41*
About A. Schmidt  *42*
Manga  *43*

## Noch mehr Limericks  *44*

Halberstädter Würstchen  *46*
Bautzner  *47*

Spreewaldgurken  *48*
Simson-Schwalbe  *49*
Halloren  *50*
Rotkäppchen Sekt  *51*

## So kann ich nicht atmen  *53*

Deutscher Wald  *55*
Nachmittag mit Goldrand  *57*
Ungebetener Gast  *59*
Korrekturen  *61*
Notizen aus der Blase  *63*

## Kinderstücke  *65*

Schwimmen und Fliegen. Auszählreime  *67*
Familienbild  *69*
Am offenen Fenster  *71*
Morgens, halbsieben  *73*

## Flügelwesen  *75*

Harpyie  *77*
Gemetzel im Garten  *79*
Taubenbrot  *81*
Göttliche Warnung  *83*
Der Feuervogel  *85*
Pechvogel  *87*
Extensionen I  *89*
Extensionen II (Federfächer)  *91*
Prothesengöttin  *93*

# Bei BoD sind von der Autorin erschienen:

**Belletristik, Lyrik:**

→ „Schön ist es hier! Roman", 2013.

↖ „Fortuna lächelt spröde. Neue Gebrauchslyrik", 2018.

↗ „So gut kennen wir uns auch nicht. Dreizehn Erzählungen", 2018.

**Sachbuch:**

→ Das ist Deutschland! Eine Landeskunde für alle, 2016.

↖ Kunst für alle! Hitlers ästhetische Diktatur, ³2018.

↗ Total angesagt. Essays zur Kulturgeschichte, 2018.

→ Silos und Krematorien. Industriefotografie bei Topf & Söhne, Erfurt, 2019.


Karin Hartewig, Dr. phil. (Jg. 1959), ist freiberufliche Historikerin, Autorin von Sachbüchern und Essays, Belletristik und Lyrik, Amateurfotografin und Bildersammlerin.

Dies ist ihr zweiter Lyrikband.